LES

MAISONS DE MANDRES

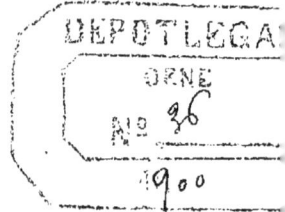

PAR

René de MANDRE

Membre de la Société d'Archéologie lorraine, etc.

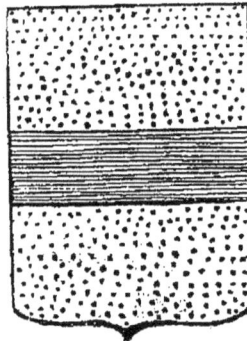

LA CHAPELLE-MONTLIGEON

IMPRIMERIE DE NOTRE-DAME DE MONTLIGEON

—

1900

LES MAISONS DE MANDRES

LES
MAISONS DE MANDRES

PAR

René de MANDRE

Membre de la Société d'Archéologie lorraine, etc.

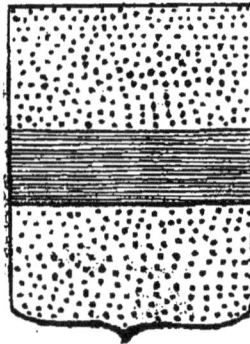

LA CHAPELLE-MONTLIGEON

IMPRIMERIE DE NOTRE-DAME DE MONTLIGEON

—

1900

INTRODUCTION

Mandre, en latin *Mandra,* signifie « demeure » et dérive du verbe *manere*, rester.

Ce mot a servi de dénomination à douze localités de France, savoir :

1° MANDRE, canton de Montier-sur-Saulx, arrondissement de Bar-le-Duc (Meuse).

2° MANDRE, commune de Marsac, canton de Lavit, arrondissement de Castelsarrasin (Tarn-et-Garonne).

3° MANDRE, seigneurie unie à celles de Boulac, Savigny, Étrennes, etc., pour former le comté de Ravenel par Léopold Ier duc de Lorraine et de Bar, le 30 décembre 1722 ; arrondissement de Mirecourt (Vosges).

4° MANDRE-LA-PETITE, commune et canton de Boncourt, arrondissement de Commercy (Meuse).

5° MANDRES, canton de Verneuil, arrondissement d'Évreux (Eure), mentionnée dès 1134, ayant pour seigneur Gilbert des Essarts.

6° MANDRES, canton de Boissy-Saint-Léger, arrondissement de Corbeil (Seine-et-Oise).

7° MANDRES, commune de Billancelles, canton de Courville, arrondissement de Chartres (Eure-et-Loir).

8° MANDRES, ferme, commune de Sexfontaines, canton de Juzennecourt, arrondissement de Chaumont (Haute-Marne).

9° MANDRES-AUX-QUATRE-TOURS, canton de Domèvre-en-Haye, arrondissement de Toul (Meurthe-et-Moselle).

10° MANDRES-LÈS-NOGENT, canton de Nogent-en-Bassigny, arrondissement de Chaumont (Haute-Marne).

11° MANDRES-SOUS-CHATILLON, commune de Châtillon-sous-les-Côtes, canton d'Étain, arrondissement de Verdun (Meuse).

12° MANDRES-SUR-VAIR, canton de Bulgnéville, arrondissement de Neufchâteau (Vosges).

Nous ne nous occuperons que de deux de ces localités, situées en Lorraine, et qui ont donné leur nom à des familles.

Il était intéressant de distinguer la Maison de Mandre proprement dite (anciennement de Mandres) et ses diverses branches, des différentes Maisons qui ont pris le nom de Mandres, et l'ont ajouté ou substitué à leur nom patronymique à des époques plus ou moins éloignées. C'est à M. Henri Lefebvre que nous devons l'éclaircissement de cette question et une notable partie des renseignements que nous allons mentionner.

M. Lefebvre, en effet, dans *Le Marquisat de No-viant-aux-Prés* (1), a rapporté les actes de partages et d'hommages relatifs à la seigneurie de Mandres-aux-quatre-tours, faits par la maison de Tremble-court-Noviant dont une branche a pris le nom de Mandres, et établi la généalogie de ces de Noviant de Mandres jusqu'en 1359. Il a également publié sous le titre : *Recherches sur les familles de Lorraine qui ont porté le nom de Mandres* (2), un intéressant article établissant qu'il y a six familles distinctes qui ont porté le nom de Mandres, et contenant des documents importants sur les de Mandres du Bassigny, et sur Jean de Deneuvre dit de Mandres (rectifiant ainsi l'erreur commise par Husson l'Escossois au sujet des de Mandres qu'il a cités), ainsi qu'une *Note complémentaire* (3) sur les de Mandres de Montureux.

Nous aurons donc souvent à citer ses travaux dans le cours de cette brochure, et nous le remercions infiniment d'avoir ainsi posé les jalons de notre ouvrage en « déblayant le terrain », comme il dit dans son article.

La distinction entre les différentes familles étant établie, nous n'avions plus qu'à rassembler les documents dispersés çà et là dans les archives et dans les auteurs qui ont parlé de ces familles.

(1) Extrait des *Mémoires de la Société d'archéologie lorraine*, années 1894-1895, édité par Sidot frères à Nancy, 1895.

(2) *Journal de la Société d'archéologie lorraine* de janvier 1897.

(3) *Journal de la Société d'archéologie lorraine* de septembre-octobre 1897.

Nous consacrons le premier chapitre à la seigneurie de Mandres-aux-quatre-tours dont ont pris nom la maison de Noviant et la maison de Deneuvre.

Dans le second chapitre, nous parlerons de la seigneurie de Mandres-sur-Vair dont ont pris nom : 1° la maison de Mandre proprement dite qui comprend deux branches : celle des de Mandre de Montureux, et celle des de Mandre du Bassigny ; et 2° la famille de Rendenradt.

Quant à la cinquième famille qui porte le nom de Mandres, elle ne le tire pas d'une seigneurie de ce nom. La famille Rozat de Mandres, en effet, ne porte le nom de Mandres que depuis le premier Empire, époque à laquelle le général Nicolas-Félix Rozat, qui avait épousé le 8 février 1808 Marie-Thérèse de Mandres, veuve de Pierre-François Levasseur de Vaucourt, ajouta à son nom celui de sa femme. Cette famille porte : *D'azur à la croix d'or cantonnée de 15 billettes du même posées en sautoir aux 1er, 2e et 4e cantons, et de 3 étoiles d'argent posées 2 et 1 au 3e canton ; et à une bordure de gueules du tiers de l'écu chargée au 2 du chef du signe des chevaliers légionnaires.*

Nous formerons un troisième chapitre de la généalogie de la maison de Mandre.

LES MAISONS DE MANDRES

CHAPITRE PREMIER

MAISON DE MANDRES-AUX-QUATRE-TOURS-NOVIANT

§ 1er. — *Seigneurie de Mandres-aux-quatre-tours.*

Cette seigneurie, primitivement appelée Mandres-en-Woivre, est mentionnée dès 1049, époque à laquelle le pape Léon IX donna le patronage de sa cure à l'abbaye de Saint-Maur. A partir du milieu du xiiie siècle, elle appartenait en fief à la maison de Tremblecourt-Noviant. Nous trouvons en effet un chevalier de cette maison Renaud Ier, qualifié en 1278 sire de Mandres. Celui-ci n'ayant pas de postérité, Mandres passa à son neveu Renaud II de Noviant qui reconnaît avec ses frères, en mars 1300, la tenir en fief de Gobert d'Aspremont. C'est à cette époque que fut construit le château fort à quatre tours, d'où cette terre prit la désignation de Mandres-aux-quatre-tours.

En 1335, on trouve les lettres de reprise de Mathieu de Noviant, sire de Mandres, pour cette seigneurie qu'il tient en fief et hommage lige de Joffroy d'Aspremont. En 1339, ce même Mathieu échange à Jean d'Aspremont sa part de la seigneurie de Mandres contre la seigneurie de Rouvres, près Étain. Jean d'Aspremont en donne aussitôt le dénombrement à son frère Joffroy comme la tenant de lui en fief, et, en 1341, fait hommage à Henri comte de Bar, pour sa forte maison de Mandres.

En 1350, Mandres a pour seigneur Ferry VII de Froslois de Ludres, auquel Jean d'Aspremont l'a engagée, jusqu'en 1356, où la comtesse de Bar prête à Jean d'Aspremont la somme nécessaire pour rembourser Ferry de Ludres.

En 1360, Jean d'Aspremont reconnaît Mandres rendable à Adémar, évêque de Metz.

En 1397, Henri de Blâmont tient cette forteresse en fief de Robert de Bar; en 1438, c'est Louis de Blâmont qui la défend contre les troupes de Baudoin de Fléville, abbé de Gorge. En 1499, Olry de Blâmont, évêque de Toul, oncle de Louis, en hérite et en fait cession à René II, duc de Lorraine, s'en réservant l'usufruit.

Ces sires de Blâmont avaient mis comme châtelain-receveur à Mandres-aux-quatre-tours Gérard de Deneuvre, qui leur délivra quittance générale en 1450. Jean, fils de ce Gérard de Deneuvre, succéda à son père comme receveur de la seigneurie et en prit le nom (1). On le trouve en effet ordinairement appelé Jean de Mandres, seigneur de Fontenoy. Il fonda une chapelle

(1) Cette filiation est parfaitement établie. Voyez *Recherches sur les familles de Lorraine qui ont porté le nom de Mandres*, par Henri Lefebvre.

à Mandres en 1443, et eut de son mariage avec Catherine de Naives deux filles, Walburge et Nicolle, qui sont nommées de Mandres. Catherine, sœur de Jean, mariée à Aubert d'Ourches, est également connue sous le nom de Catherine de Mandres.

Cette famille de Denéuvre dite de Mandres semble ainsi éteinte. Elle portait : *D'azur à la croix d'or cantonnée de vingt billettes de même.*

En 1560, Claude-Antoine, sire de Bassompierre, baron d'Harouel, bailli de l'évêché de Metz, est qualifié seigneur de Mandres.

En 1610, Louis de Guise, baron d'Ancerville, reçoit cette seigneurie du duc Henri.

En 1633, François de Mauljean, colonel de cavalerie pour le duc Charles IV, défend Mandres et ne se rend qu'après plusieurs jours de siège faute de munitions, obtenant une capitulation honorable du général français.

En 1680, cette seigneurie est réunie à l'évêché de Metz.

En 1703, Léopol Ier, duc de Lorraine et de Bar, l'érige en fief en faveur de Georges Gelée du Chesnois.

Ce fief passe par vente du 3 décembre 1711 au sieur de Parisot de Montzay qui le vend à son tour, le 27 mai 1763, à Gabriel de Bourgogne. Les quatre tours du château furent démolies au commencement du xviiie siècle par ordre du duc de Guise, mais une maison à quatre tours aussi a remplacé le château et a appartenu jusqu'en 1875 à la famille de Bourgogne.

Les armes de Mandres-aux-quatre-tours sont : *D'azur à deux barbeaux adossés d'or, accompagnés de quatre croix recroisettées au pied fiché d'or et cantonnés de quatre tours d'argent.*

§ 2. — *Généalogie de la Maison de Mandres-Noviant.*

Cette maison, qu'on pourrait peut-être appeler plus justement « de Noviant-de-Mandres », était une branche de celle de Tremblecourt-Noviant et portait pour armes : *D'argent à la croix de sable* (1). Elle faisait partie de l'ancienne chevalerie lorraine.

Sa généalogie (2) remonte à :

I. **Simon de Chastel**, père de :

1° SIMON DE TREMBLECOURT, chevalier, cité en 1240 ;

2° RENAUD Ier, chevalier, *sire de Mandres,* cité en 1240, et mort sans postérité avant 1300 ;

3° MATHIEU Ier, *seigneur de Noviant,* qui suit.

II. **Mathieu Ier de Noviant,** cité en 1240 et mort avant 1298. Il eut de sa femme nommée Clémence :

1° JEAN Ier DE NOVIANT ;

2° RENAUD II DE NOVIANT, qui suit ;

3° BERTRAND Ier DE NOVIANT, chevalier, cité en 1298 et mort avant 1324 ;

4° THIERRY, DIT VINGT-ET-UN DE NOVIANT, chevalier,

---

(1) Bibl. nat. Pièces originales, Vol. 1826, V° *Mandres,* pièce 6.

(2) Les quatre premiers degrés de cette généalogie sont extraits du *Marquisat de Noviant-aux-Prés,* par M. LEFEBVRE. Les trois derniers sont donnés par Husson l'Escossois sous des armes erronées. M. Lefebvre établit parfaitement que c'est de la même famille qu'il s'agit par les droits que Juliane de Mandres en 1442 avait sur la terre de Rouvres, acquise par Mathieu de Noviant de Mandres en 1339.

seigneur de Tremblecourt, cité en 1298 et mort avant 1335.

III. **Renaud II de Noviant,** chevalier, *sire de Mandres,* cité en 1298 et mort avant 1335. Il épousa Emengaïl de Séris dont il eut :

1° Mathieu II de Noviant de Mandres, qui suit ;

2° Bertrand II de Noviant de Mandres, cité en 1335 et 1339 ;

3° Roger de Noviant de Mandres, cité en 1339 ;

4° Jean II de Noviant de Mandres, cité en 1339 ;

5° Isabelle de Mandres, cité en 1329 et 1332.

IV. **Mathieu II de Noviant,** chevalier, sire de Mandres, plus ordinairement appelé Mathieu de Mandres, cité en 1335 et 1339, époque à laquelle il devient seigneur de Rouvres par suite de l'échange à Jean d'Aspremont du fief de Rouvres contre celui de Mandres. Sa femme se nommait Isabelle. Nous le présumons père de :

V. **Pieron de Mandres,** marié à Jeannon de Bras, dont il eut :

VI. **Colart de Mandres,** seigneur de Rouvres, cité en 1415 (1). Il épousa Colette d'Ancelrue dont il eut :

VII. **Juliane de Mandres,** citée en 1442 et 1444; et mariée : 1° à François des Armoises, sieur d'Affleville, et 2° à Renault Paixel.

---

(1) Bib. nat., collection de Lorraine, vol. 89, fol. 13. Ce reçu de Colart de Mandres porte bien un sceau, mais la cire en est brisée et il est malheureusement impossible de voir ce qu'il représentait.

CHAPITRE II

§ 1ᵉʳ. — *Seigneurie de Mandres-sur-Vair.*

Mandres-sur-Vair ou Mandres-aux-deux-tours, ou encore Mandres-aux-trois-tours, village haute justice, dépendait des duchés de Lorraine et de Bar.

Cette terre est citée, en 1179, dans une bulle du pape Alexandre III pour le prieuré de Châtenois (1), et en 1204 dans un privilège du duc Simon pour le même prieuré (2). Ce privilège cite *Milites de Mandres Balduinum, Tirricum et Matthæum* et mentionne que Mathieu de Mandres a donné au dit prieuré un quartier de terre, près Gironcourt, pour le repos de l'âme de son fils Wiart (3).

En 1322, Walter de Jallin de Beaumont reprend ligement du duc de Lorraine en accroissement de fief et fait fief de son alleu ce qu'il a à Vouxey, Mandres-aux-

---

(1) D. CALMET : *Histoire de Lorraine*, t. VI, Preuves, col. 38. — Châtenois, chef-lieu de canton, arrondissement de Neufchâteau (Vosges).

(2) D. CALMET : *Histoire de Lorraine*, t. VI, Preuves, col. 74 à 76.

(3) La qualification *Miles* était réservée aux chevaliers. — Gironcourt, canton de Châtenois (Vosges).

deux-tours, Mesnil-sur-Vair, Balleville, Saint-Paul et Gironcourt (1).

Le 11 décembre 1444, Ernequin d'Almes reprend du roi de Sicile la forte maison de Mandres-aux-deux-tours-sous-Châtenois, le bois de Burgonfosse, etc...

En 1456, Georges de Boulach, seigneur de Mandres-aux-deux-tours, reprend du duc de Bar ce qu'il possède à Bleurville.

Le 3 février 1532, Jean de Lignéville donne son dénombrement au duc de Lorraine pour ce qu'il possède en fief à Mandres-aux-trois-tours.

En 1594, Mandres dépendait de la prévôté de Châtenois, baillage des Vosges.

En 1710, elle dépendait pour partie de la prévôté de Châtenois, bailliage des Vosges, et pour partie de la prévôté de Bourmont, bailliage du Bassigny. Le 18 mars 1750, une partie du village, y compris l'église, fut brûlée.

A cette époque, Mandres avait pour seigneur Claude-Gabriel de Rendenradt, qui épousa, en premières noces, Anne-Françoise de Rodoan, morte en 1737 ; et, en deuxièmes noces, Élisabeth-Nicolle d'Hablainville. On trouve ce Claude-Gabriel de Rendenradt (fils de Georges-Henri de Rendenradt et de N. de Lespine), ainsi que ses enfants, notamment Jean-François-Gabriel, né à Mandres le 21 septembre 1739 (2), et Françoise-Louise-Charlotte, née le 11 octobre 1740, ordinairement dénommés « de Rendenradt de Mandres » ou même simplement « de Mandres ». Cette famille, originaire des

---

(1) Localités du canton de Châtenois.

(2) *Archives départementales des Vosges*, t. II, page 279. V° *Mandres-sur-Vair*.

Flandres, portait : *Échiqueté d'or et de gueules* (1) ; nous n'en parlerons pas davantage, car on ne peut la considérer comme une maison de Mandres.

Le 3 septembre 1783, un violent incendie consuma une centaine de maisons, l'église, le presbytère et les deux châteaux de M. de Favaucourt. L'église fut reconstruite, mais il reste encore le chœur qui date de 1610 et une chapelle « la belle croix », qui remonte à 1584 (2).

§ 2. — *Origines de la Maison de Mandre.*

La Maison de Mandre (primitivement de Mandres) tire son nom de Mandres-sur-Vair et se compose de deux branches principales : l'une, que nous appellerons « branche du Bassigny, » parce qu'elle était établie dans le département de la Haute-Marne et y avait la plupart de ses possessions, dans les arrondissements de Chaumont et de Langres ; l'autre, « branche de Montureux », parce qu'elle avait pour principale seigneurie celle de Montureux-les-Gray (3), qu'elle posséda depuis le commencement du xive siècle jusqu'au xviie.

Nous allons essayer d'établir que cela est sinon certain, au moins fort probable.

Nous venons, en effet, de voir comme seigneurs de Mandres-sur-Vair, en 1204, Baudoin, Thierry et Mathieu

(1) Bibl. nat. ms., Nouveau d'Hozier, vol. 282, V° *Rendenradt.*

(2) La plupart de ces renseignements sont dus à l'obligeance de M. Voirin, maire de Mandres-sur-Vair. Nous tenons à l'en remercier en passant.

(3) Montureux-les-Gray, canton d'Autrey, arrondissement de Gray (Haute-Saône).

de Mandres, chevaliers, nous pouvons leur ajouter
comme parents : 1° Falcon de Mandres, cité en 1180
avec Thierry dans une bulle du pape Alexandre III
pour l'abbaye de Mureau (1) ; 2° Wiart de Mandres,
cité en 1204 comme fils défunt de Mathieu, et 3° Jean
de Mandres, cité en 1255 avec le comte Thibaut de Bar
et d'autres seigneurs parmi les fondateurs de la ville
de Suriauville (2).

D'autre part, voyons quels sont les premiers personnages de chacune des deux branches de la maison de
Mandre. En Bassigny, nous trouvons : 1° Horric de
Mandres, chevalier, seigneur de Mandres-en-Bassigny,
qui fit hommage, en 1256, à Thibaut, roi de Navarre,
comte de Champagne, et qui possédait des chasses à
Montcharvot relevant de la seigneurie d'Ormancey (3)
appartenant à l'évêque de Langres en 1263 (4). Il est
cité fils de Wiart de Mandres et de G. de Nogent, ou (si
on interprète le texte autrement), avec G. de Nogent,
fils de Wiart de Mandres (5) ; 2° Un autre Horric de
Mandres (vraisemblablement fils du précédent), damoiseau, en 1328, fait hommage à l'évêque de Langres
pour ce qu'il tient de lui (6) ; 3° Ruffin de Mandres,

(1) Mureau, abbaye près Neufchâteau (Vosges).

(2) *Documents sur l'histoire des Vosges*, t. II, p. 171. — Suriauville, aujourd'hui canton de Bulgnéville, faisait partie, en 1790,
du canton de Mandres-sur-Vair.

(3) Montcharvot, canton de Bourbonne-les-Bains, et Ormancey,
arrondissement de Langres (Haute-Marne).

(4) Bibl. nat. ms., Trésor généalogique de Dom VILLEVIEILLE,
fonds français, n° 31938, f° 116.

(5) Bibl. nat. ms., Pièces originales, vol. 1826, V° *Mandres*,
pièce 5.

(6) Bibl. nat. ms., Dom VILLEVIEILLE.

en 1333, cède à Édouard, comte de Bar, les gros dîmes de Graffigny, Chemin et Malaincourt (1).

En Franche-Comté, la filiation remonte à Gérard de Mandres, chevalier, seigneur de Mandres, vivant en 1214, par titres de l'abbaye de Teulle (2), cité également, en 1214, dans le cartulaire de l'abbaye de Cherlieu pour une transaction concernant Rosières (3). Son fils Guillaume, chevalier, est qualifié seigneur de Mandres et autres lieux ; et son petit-fils Jean, chevalier, seigneur de Mandres, Marnoz, Aigue-Pierre, Saint-Julien, Rosières-sur-Mance (4) et la Mothe-Saint-Mammès, épouse Comtesse de Montureux, dame dudit lieu, enterrée aux Cordeliers de Gray en 1313 ; d'où Huart de Mandres, chevalier, seigneur de Montureux, cité en 1349 et 1364.

Il y a lieu de remarquer que :

1° Les de Mandres, dans les deux branches, sont qualifiés seigneurs de Mandres jusqu'en 1300 et qu'après cette date ils ne le sont plus, tandis qu'à Mandres-sur-Vair, pendant le même temps, on ne mentionne pas d'autres familles comme possédant la seigneurie, mais qu'au contraire, à partir de 1322, on cite Walter de Jallin de Beaumont, seigneur de Mandres-sur-Vair, puis, après lui, d'autres seigneurs de différentes maisons.

(1) Arch. M.-et-M., Lay. LA MOTHE, sac. 12. — Localités de l'arrondissement de Chaumont (Haute-Marne).

(2) Bibl. nat. ms., Cabinet d'Hozier, vol. 28, Vᵒ *Baron (le)*. — Teulle (Theuley), canton de Dampierre-sur-Salon, arrondissement de Gray (Haute-Saône).

(3) Bibl. nat. ms., Dom VILLEVIEILLE.

(4) Marnoz, canton de Salins, arrondissement de Poligny (Jura); Saint-Julien et Rosières-sur-Mance, canton de Vitrey, arrondissement de Vesoul (Haute-Saône).

2° Les de Mandres de Montureux venaient de Lorraine, car il n'y a pas de terre du nom de Mandres en Franche-Comté, et cette famille est citée, notamment dans le *Héraut d'armes* de D. Callot, comme une des maisons de l'ancienne chevalerie lorraine. Quant à ceux du Bassigny, ils sont qualifiés seigneurs dudit lieu en Bassigny (1), or, il n'y a, en Bassigny, que trois localités du nom de Mandres : Mandres-sur-Vair, dépendant partie du Bassigny, partie de la Lorraine ; Mandres, ferme près Sexfontaines, qui ne date que de 1793 ; et Mandres-lès-Nogent, où nous n'avons pas trouvé traces de seigneurs ni dans la localité elle-même, ni dans les auteurs. Ajoutons à cela que Wiart de Mandres, fils de Mathieu de Mandres-sur-Vair, en 1204, nous semble bien être le même que Wiart de Mandres, père d'Horric, cité en 1256 en Bassigny. C'est donc de Mandres-sur-Vair qu'il s'agit (2).

3° Les possessions des de Mandres du Bassigny et celles des de Mandres de Montureux ne sont pas bien éloignées les unes des autres, et ces deux familles, qui remontent à la même époque, n'ont pas d'autre nom patronymique que celui de Mandres.

Nous croyons donc bien probable que les de Mandres établis plus tard à Montureux et dans les arrondissements de Gray et Vesoul, et les de Mandres du Bassigny, sont deux branches d'une même maison qui prit nom de Mandres-sur-Vair.

---

(1) Bibl. nat. ms., Pièces originales, reg. 1826.

(2) Nous avons déjà étudié cette origine dans un article que la Société d'archéologie lorraine a publié dans le numéro de son journal de septembre-octobre 1899, avec note complémentaire dans le numéro de février 1900.

On peut faire, à l'origine que nous donnons, deux objections. La première est que divers auteurs ont fait sortir les de Mandres de Montureux de la seigneurie de Mandres-sous-Châtillon, près d'Étain. Mais, d'abord, la distance énorme qui sépare cette seigneurie de la Franche-Comté est déjà un obstacle à une époque où le seul moyen de communication était le cheval. En outre, aucun de ces auteurs n'a même essayé de prouver cette origine, il semble bien plutôt que la plupart l'aient répétée tout simplement d'après Husson l'Escossois et à tort selon nous. En effet, Husson (1) a cité trois générations d'une famille de Mandres qui était celle de Noviant de Mandres (rapportée dans notre premier chapitre) et qui possédait alors la seigneurie de Rouvres, près Étain, en donnant pour origine à cette famille « Mandres, près Chastillon, en la prévôté d'Estain ». Cela était faux, mais très vraisemblable, car il ne savait évidemment pas que ces de Mandres-Noviant étaient venus dans la prévôté d'Étain par suite de l'échange de la seigneurie de Rouvres au sire d'Aspremont contre celle de Mandres-aux-quatres-tours. Husson l'Escossois ajoute ensuite que cette maison « portait d'azur à la croix d'or cantonnée de vingt billettes de même, autres disent que c'est la maison de Mandres portant d'or à la bande d'azur accompagnée de sept billettes de même ». Or, nous avons vu que ces premières armoiries sont celles de Deneuvre de Mandres, mais nous ne croyons pas que l'on doive de là attribuer l'origine de Mandres-sous-Châtillon à la

(1) *Simple crayon de la noblesse des duchés de Lorraine et de Bar*, par Mathieu Husson l'Escossois.

famille de Mandres de Montureux sous prétexte que
Husson cite ses armes, surtout qu'il ne les cite qu'en
seconde ligne et encore en faisant une sorte de réserves.
On ne peut donc pas dire que les auteurs aient établi
que les de Mandres de Montureux venaient de Mandres-
sous-Châtillon.

La seconde objection viserait non pas l'origine de
Mandres-sur-Vair, mais la communauté d'origine des
deux familles en s'appuyant sur la différence des armoiries adoptées par chacune d'elles. Les de Mandres du
Bassigny portent : *D'or à la fasce d'azur ;* et ceux de
Montureux : *D'or à la bande d'azur accompagnée de
sept billettes de même.* Si nous remarquons : 1° que les
émaux de ces armoiries sont les mêmes ; 2° que le
nombre des billettes, pour les de Mandres de Montureux,
était variable, puisque l'on trouve ordinairement les
armes des cadets avec quatre billettes seulement (1), et
3° que les deux branches se seraient séparées du tronc
dès le commencement du xiiie siècle ; cette différence
n'aura plus rien d'étonnant, car les armoiries ne sont
généralement demeurées fixes dans les familles même
les plus illustres qu'à partir du xive siècle, et on a plus
d'un exemple de maisons dans lesquelles les diverses
branches ont dénaturé au moins autant que cela les
armoiries primitives en brisant.

Nous ne croyons donc pas devoir tenir compte de ces
objections et nous allons donner la généalogie de la
maison de Mandre en deux paragraphes ; le premier
comprendra la tête de la famille depuis les chevaliers

---

(1) Preuves pour Malte. — Les émaux sont également interver-
tis, ce qui donne : *D'azur à la bande d'or accompagnée de quatre
ou sept billettes de même.*

seigneurs de Mandres-sur-Vair, en 1180, et la branche
du Bassigny; et, le second, la branche de Montureux,
mais nous ne voulons pas dire par là que celle de Montureux soit la branche cadette. Il est impossible à une
époque aussi reculée d'établir les filiations et l'ordre
de primogéniture si l'on n'a pas une généalogie dressée
antérieurement. Nous avons, pour la branche de Montureux, la généalogie du Cabinet d'Hozier qui remonte
à 1214 (1); mais, pour la branche du Bassigny, les
papiers de famille n'établissent la filiation suivie qu'à
partir de 1650, et les documents antérieurs sont trop
peu nombreux et précis pour nous permettre de donner
les degrés de parenté avec certitude avant cette date,
sauf pour quelques-uns seulement des personnages.
Nous nous contenterons donc d'énumérer, par ordre
chronologique, les premiers membres de cette famille
en séparant seulement, pour la clarté, par des numé-
ros de degrés les générations à des intervalles vraisem-
blables ou probables d'après les dates.

(1) Notre article sur *les Familles de Mandres originaires de
Lorraine*, dans le *Journal de la Société d'archéologie lorraine* de
septembre-octobre 1899, contenait cette généalogie. Nous la complétons en plusieurs points d'après des documents recueillis depuis.

CHAPITRE III

§ 1ᵉʳ. — *Les de Mandre à Mandres-sur-Vair
et en Bassigny.*

La Maison de Mandre figure parmi celles de l'ancienne chevalerie lorraine. Ses armoiries sont : *D'or à
la fasce d'azur* (1) (branche du Bassigny), et : *D'or à
la bande d'azur accompagnée de sept billettes de même,
quatre en chef et trois en pointe* (2) (branche de Montureux) ; l'écu supporté par deux sauvages et timbré
d'un casque grillé, taré en tiers et orné de lambrequins
avec deux trompes pour cimier (3) ; devise : *Aliquid in
minimo.*

Quoique nous ne puissions établir qu'il était de cette
famille et le faire figurer dans notre généalogie, nous
croyons cependant devoir citer :

EUSTACHE DE MANDRES, chevalier, seigneur de Mandres
et de Croix, bienfaiteur de l'abbaye de Saint-André-en-

(1) Bibl. nat. ms., Pièces originales, vol. 1826, Vᵒ *Mandres,*
pièce 7.

(2) *Idem,* pièces 2 et 4.

(3) Pierre tombale dans l'église de Montureux-lès-Gray.

Cambrésis, épousa Mathilde de Croix (1). Il partit en 1201 pour la Terre-Sainte sous ia conduite de Baudoin IX, comte de Flandre et de Hainaut, et mourut dans cette expédition à Constantinople, en 1202, laissant (2) :

1° Gilles, chevalier, seigneur de Mandres, mentionné en 1235 et 1243, qui épousa Alix de Rosimbos dont il eut un fils religieux à Saint-Vaast ;

2° Jean, chevalier, seigneur de Croix ;

3° Walthier, chanoine, puis évêque de Tournai, mort en 1261 (3).

Il eût été vraisemblablement fait mention des fiefs ou du nom de Tremblecourt ou de Noviant, soit pour lui, soit pour ses fils, s'il avait appartenu à la maison de Noviant-Mandres, qui à cette époque s'appelait encore Tremblecourt-Noviant. Mais rien non plus n'indique que la terre de Mandres, dont il est dit seigneur, fût celle de Mandres-sur-Vair.

Nous considérons comme le premier de la maison de Mandre, le supposant le plus âgé en 1180, puisqu'il ne paraît plus après cette date :

I. Falcon de Mandres, seigneur de Mandres-sur-Vair, cité en 1180, avec Thierry qui suit, dans une bulle du pape Alexandre III confirmative des biens de l'abbaye de Mureau (4).

---

(1) *Gallia christiana*, vol. III.

. (2) De la Chesnaye Desbois, *Dictionnaire de la noblesse*, V° de *Croix*; et de Saint-Allais, *Nobiliaire universel de France*, t. XIX.

(3) *Gallia christiana*, vol. III.

(4) Mureau, abbaye près de Neufchâteau (Vosges).

II. BAUDOIN DE MANDRES, chevalier, seigneur de Mandres-sur-Vair, mentionné dans une charte du duc Simon II de la fin du XII° siècle (1), et en 1204, avec Mathieu et Thierry qui suivent, dans une charte du duc Simon en faveur du prieuré de Châtenois (2).

THIERRY DE MANDRES, chevalier, seigneur de Mandressur-Vair, cité dans la bulle du pape Alexandre en 1180, et dans la charte du duc Simon en 1204.

MATHIEU DE MANDRES, chevalier, seigneur de Mandressur-Vair, cité dans la charte de 1204 du duc Simon comme donateur au prieuré de Châtenois d'un quartier de terre près Gironcourt pour le repos de l'âme de son fils Wiart, qui suit.

III. GÉRARD DE MANDRES, chevalier, seigneur de Mandres, vivant en 1214, par titres de l'abbaye de Teulle, auteur de la branche de Montureux que nous rapporterons dans le paragraphe suivant.

WIART DE MANDRES, mentionné en 1204 dans la charte du duc Simon, comme fils de Mathieu, et comme père de Horric, qui suit, dans un hommage fait en 1256 par ce dernier au roi de Navarre. Il paraît avoir épousé une demoiselle de Nogent, car cet hommage dit : *Dnus Orricus de Mandris Gil de Nogento filius Wiardi de Mandris* (3).

RENIER DE MANDRES, chevalier, témoin en des lettres du duc Mathieu II, en 1233 (4).

(1) Arch. M.-et-M., Lay. MANDRES, n° 28.

(2) D. CALMET, *Histoire de Lorraine*, t. VI, Preuves, col. 38 et 74 à 76.

(3) Bibl. nat. ms., Pièces originales, vol. 1826, pièce 5.

(4) Arch. M.-et-M., Lay. REMIREMONT, I, n° 26.

IV. Horric de Mandres, Ier du nom, chevalier, seigneur de Mandres-en-Bassigny, fit hommage à Thibaut, roi de Navarre, comte de Champagne, en 1256 et depuis (frais de Nogent-en-Bassigny). Il possédait plusieurs chasses au Mont-de-Charvaut, finage de Dompierre, qui relevaient en fief de la seigneurie d'Ormancey, vendue à l'évêque de Langres au mois de mars 1263 (1).

Jean de Mandres, Ier du nom, figure en 1255, avec le comte Thibaut de Bar et d'autres seigneurs, parmi les fondateurs de la ville de Suriauville.

V. Horric de Mandres, IIe du nom, damoiseau, fit foi et hommage lige à l'évêque de Langres pour tout ce qu'il tenait de lui en fief, le 9 décembre 1328.

Joffroy de Mandres, prévôt de Saint-Mihiel, cité en 1320 comme père de Guillaume qui suit.

VI. Ruffin de Mandres cède, le 6 août 1333, à Édouard comte de Bar, les gros dîmes de Graffigny, Chemin et Malaincourt. Sa femme se nommait Houdette (2).

Guillaume de Mandres, Ier du nom, discret homme, fils de Joffroy, cède et transporte à Édouard Ier, comte de Bar, tout ce qu'il a à Chaillon en 1320 (3).

---

(1) Dom Villevieille, *Trésor généalogique* (man. français n° 31938 de la Bibl. nat.), f° 116. — Montcharvot, canton de Bourbonne-les-Bains, arrondissement de Langres (Haute-Marne.)

(2) *Recherches sur les familles de Lorraine qui ont porté le nom de Mandres*, par H. Lefebvre.

(3) Arch. M.-et-M., Lay. Bar, fiefs et dénomb. I, n° 81. Nous ne faisons figurer Guillaume et Joffroy dans cette généalogie que sous réserves, leur parenté avec les de Mandres du Bassigny n'étant pas établie.

VII. Huart de Mandres, chevalier, seigneur de Chevillon, avoue tenir en plein fief foy et hommage du sire de Joinville, 75 *maignées* (ménages) d'hommes, chefs d'hôtel avec haute, moyenne et basse justice sur iceux à Chevillon, le 18 juin 1375. Il était du nombre des gentilshommes qui s'engagèrent par serment, le 5 février 1415, à ne jamais demander aucun dédommagement au duc de Bar pour raison de la prison qu'ils avaient soufferte à la suite de la guerre qu'il avait faite à Charles, duc de Lorraine (1).

Jeannette de Mandres, abbesse de Poussay, morte le 5 avril 1400.

Jean de Mandres, IIe du nom, prévôt de Langres, qui délivre, en cette qualité, le 1er novembre 1402, aux échevins de Jonvelle, une copie de leurs franchises (2).

Guillaume de Mandres, IIe du nom, cité, en 1404, en des lettres du duc Robert de Bar, pour la moitié de Villette (3).

VIII. Gérard de Mandres, écuyer, seigneur d'Outremécourt, reçoit procuration, le 18 février 1461, de Mathieu de Saint-Loup, écuyer, son cousin (4).

IX. Didier de Mandres, écuyer, seigneur d'Outremécourt et de Chaumont-la-Ville, donne, le 25 juillet 1523,

(1) Dom Villevieille. Chevillon, arr. de Vassy (Haute-Marne).
(2) Arch. du Doubs, Chambre des comptes, J. 6, fol. 22-25.
(3) Arch. M.-et-M., Lay. Lamarche, no 55.
(4) Cette partie relative aux de Mandres, seigneur d'Outremécourt est extraite des *Recherches sur les familles de Lorraine qui...* etc., par H. Lefebvre, et des *Souvenirs du Bassigny (fragments détachés de l'histoire de La Mothe)*, par J. Marchal (Langres, 1889).

son dénombrement pour ce qu'il possède en la sénéchaussée de La Mothe. Son sceau représentant une
fasce est appendu à ce dénombrement (1). Il reçoit,
en 1498, avec son frère Guillaume (III° du nom), qui
suit, des lettres de franchise et abonnement pour les
habitants d'Outremécourt. Il mourut en 1536, laissant
deux fils, Rémy et Richard qui suivront.

GUILLAUME DE MANDRES, III° du nom, seigneur en
partie d'Outremécourt et Chaumont-la-Ville, cité en 1498
avec son frère Didier, eut une fille unique, Philiberte
de Mandres, mariée à Jehan le Craisté. Ils vendirent
leur part de seigneuries à Didier de Mandres.

X. RÉMY DE MANDRES, écuyer, seigneur d'Outremécourt (fils de Didier), est témoin, le 16 novembre 1541,
dans une sentence de bailliage de Saint-Mihiel. Il
épousa Marguerite de Jainville dont il eut trois filles,
Antoinette, Marguerite et Madeleine qui suivront. Il
était mort le 17 mai 1562, date à laquelle ses filles
mineures avaient pour tuteur leur oncle, Richard de
Mandres, qui suit, et pour curateur, Henry de Jainville,
écuyer, seigneur d'Avaugire.

RICHARD DE MANDRES (fils de Didier) fut tuteur de ses
trois nièces, et donna, en cette qualité, procuration, le
17 mai 1562, pour faire reprise de ce qui leur appartenait à Outremécourt et Chaumont-la-Ville, en la
sénéchaussée de La Mothe et Bourmont. Il épousa
Claudine de Vy, dont il eut Élisabeth de Mandres qui
suivra.

(1) Arch. M.-et-M., Lay. LA MOTHE, III, n° 41.

CHARLES DE MANDRE, écuyer, seigneur d'Artuize, mentionné dans un acte du 22 avril 1555 (1), enregistré au greffe de Sainte-Menehould, et contenant donation entre vifs par Gobert de Vignon, prêtre-curé de Monclier, aux religieux de l'abbaye de Saint-Berthault-de-Chaumont, d'une pièce de pré tenant d'une part à Charles de Mandre.

XI. ANTOINETTE DE MANDRES (fille de Rémy), épouse en premières noces, en 1562, de Henri de Xonville, était mariée en secondes noces, le 20 décembre 1594, à Christophe de Bertheleville, seigneur de Fresnoy, écuyer d'écurie de Monseigneur, puis maître d'hôtel de Son Altesse, date à laquelle il donne son dénombrement, pour Outremécourt, Chaumont - la - Ville, Graffigny et Chemin, avec son beau-frère et sa belle-sœur.

MARGUERITE DE MANDRES (fille de Rémy), citée en 1562, épousa Claude de Thuillières, baron de Darnieulles et seigneur de Blainville, dont elle était veuve en 1579. Elle figure à cette date parmi les dames de la suite de Mme de Bourbonne, Gabrielle de Bassompierre. Elle fait également son dénombrement en 1594.

MADELEINE DE MANDRES (fille de Rémy), citée en 1562 et en 1594, était mariée à Marc de Sallines (ou de Sablans), écuyer, seigneur de Béthoncourt.

ÉLISABETH DE MANDRES (fille de Richard), épouse de Louis de Saint-Loup, fils de Fier-à-bras de Faucogné

(1) Bibl. nat. ms., Carrés de d'Hozier, vol. 408, pièce 30. A partir de cette époque, le nom de Mandre est ordinairement écrit sans s finale.

de Saint-Loup, seigneur de Saint-Julien, et de Marguerite de Scraucourt (1), le 4 mars 1573, date à laquelle
il fait des reprises de tout ce qu'il tient, à cause de sa
femme, à Outremécourt, Graffigny et Chaumont-la-
Ville. Elle mourut en 1587 et était veuve depuis le
mois de juin 1575.

Guillaume de Mandres, IVe du nom, écuyer, seigneur en partie de Chaumont-la-Ville, mentionné en
1592 dans les pièces jointes au dénombrement fait
en 1594 par les trois filles de Rémy de Mandres.

XII. Anne de Mandre, Ire du nom, mariée à Jean de
Martinprey, en 1605, fut aussi (nous supposons du
moins que c'est la même) abbesse de Coulonges (diocèse de Langres) et abdiqua en 1611 (2). Elle avait évidemment sinon un frère, au moins un cousin, puisque
la famille s'est continuée.

XIII. **Claude de Mandre,** vivant, en 1650, avec sa
femme nommée Jeanne, dans le canton de Juzennecourt (3), fut père de :

1° Claudine, mariée en 1685, à Charles de Moroges,
écuyer, fils de Jean de Moroges, écuyer, et de Marie de
Rosières (4) ;

2° Jean, IVe du nom, qui suivra et continue la filiation.

Jean de Mandre, IIIe du nom, chantre et chanoine de

(1) Dunod, *Nobiliaire du comté de Bourgogne,* V° *Faucogné,* p. 66.
— Il écrit : « Élizabeth de Mandre. »
(2) *Gallia christiana,* vol. 15.
(3) Arrondissement de Chaumont (Haute-Marne).
(4) De Magny, *Nobiliaire universel,* vol. 18, V° *de Moroges.*

Toul, institue pour ses héritiers, suivant testament du 3 novembre 1686 (1) avec codicilles des 8 décembre 1686 et 27 janvier 1687, son frère Mansuy, sa sœur Claude, son neveu et sa cousine Jeanne-Marie Musnier.

Mansuy de Mandre reçoit en héritage de son frère Jean, par testament et codicille des 3 novembre et 8 décembre 1686, divers biens sis à Brusley (2).

Claude de Mandre, citée dans les testament et codiciles de son frère Jean en 1686 et 1687.

XIV. **Jean de Mandre,** IVe du nom, né en 1673, épousa Nicole de la Ville. Ils étaient morts en 1751, laissant :

1° Anne, IIe du nom, citée en 1770 ;

2° Nicolas, Ier du nom, qui suit.

XV. **Nicolas de Mandre,** Ier du nom, né en 1725, à Blaisy (3), épouse, 1° le 24 mai 1751, Anne Lallement (4), et 2°, en 1759, Anne Louvrier (5), veuve en premières noces de Louis Maigrot, de Saint-Martin, dont elle avait une fille, Anne. Il mourut à 73 ans, le 3 floréal an VI, laissant :

(1) Arch. M.-et-M., liasse G, 1337.

(2) Brusley, arrondissement de Toul (M.-et-M.).

(3) Blaisy, canton de Juzennecourt, arrondissement de Chaumont (Haute-Marne).

(4) André Lallement, trésorier général de France en Champagne, portait : *D'azur à trois bandes d'or et un chef de sable chargé de trois molettes d'or.*

(5) Antoine Louvrier, conseiller du Roi en l'élection de Chaumont, portait : *D'azur à trois fourmys d'argent, 2 et 1.*

Du premier lit :

1° Nicolas, IIe du nom, né le 13 février 1752, qui suit ;

2° Marie-Thérèse, baptisée le 7 novembre 1753 ;

3° Catherine-Bologne, baptisée le 8 décembre 1754, marraine, en 1777, de son neveu Nicolas-Hilaire, IIIe du nom, avec son cousin-germain Nicolas-Hilaire de la Motte (1), à Saint-Martin-les-Juzennecourt ;

4° Nicolas-Hilaire, Ier du nom, baptisé le 17 mai 1756 ;

5° Pierre-Jean, né en 1757, acheta un ancien couvent d'Ursulines, situé près Sexfontaines et confisqué en 1793 comme biens nationaux, et le transforma en une ferme qui depuis cette époque s'appelle « ferme de Mandres ».

Et du second lit :

6° Nicolas-Hilaire, IIe du nom, né en 1766, qui eut pour parrain son frère Nicolas, IIe du nom.

XVI. **Nicolas de Mandre**, IIe du nom, né en 1752, parrain, à Lamancine, en 1763, de Nicolas-Hilaire de la Motte, son cousin germain, et, en 1766, de Nicolas-Hilaire, IIe du nom, son frère, épousa, en 1770, Anne Maigrot, sa sœur de mère. Il était maire-adjoint à Saint-Martin en 1801 et mourut, le 13 août 1826, laissant :

(1) Nicolas-Hilaire de la Motte était, en effet, fils de Nicolas de la Motte et de Marie Lallement, sœur de Anne Lallement. Il est à remarquer que le nom écrit « de la Motte » dans les actes de Lamancine est orthographié « Lamothe » dans ceux de Saint-Martin ; il n'y a donc rien d'étonnant à ce que le nom des de Mandre soit aussi écrit Demandre, à l'époque de la Révolution.

1° MARIE-ANNE, née le 21 décembre 1772 ;

2° MARIE-JEANNE, née le 13 juillet 1774 ;

3° NICOLAS-HILAIRE, III° du nom, né le 7 août 1777, qui suit.

XVII. **Nicolas-Hilaire de Mandre**, III° du nom, né en 1777, eut pour parrain Nicolas-Hilaire de la Motte, son cousin germain. Il épousa, le 28 février 1809, Charlotte Parent (1) de Châtillon, et mourut le 20 février 1835, laissant :

1° HILAIRE, né en 1810 ;

2° ALBERT, né en 1811 ;

3° CHARLES, II° du nom, né en 1812 ;

4° JOSEPH-CHARLES-HILAIRE, né en 1814, qui suit ;

5° AUGUSTE, né en 1815 ;

6° AMÉLIE, née en 1817.

XVIII. **Joseph-Charles-Hilaire de Mandre**, né le 13 juillet 1814, épousa, le 14 juin 1841, Alexandrine-Élisabeth Chalette de Mortain. Il était bon poète et savant grammairien, et fut régent du collège de Cherbourg. Il mourut le 15 mai 1856, laissant :

1° ABEL-MARIE-JOSEPH-ALEXANDRE, né en 1843, qui suit ;

2° JOSEPH-MARIE-ALEXANDRE, né le 3 avril 1846.

XIX. **Abel-Marie-Joseph-Alexandre de Mandre**, né le 17 mars 1843, officier et chevalier de plusieurs

---

(1) Parent porte : *L'azur à deux bâtons d'épine écotés et alésés d'or passés en sautoir, accompagnés d'un croissant d'argent en chef, et de trois étoiles d'or, deux en flanc et une en pointe.*

ordres, suivit l'exemple de son père et s'adonna à la littérature. Il épousa, le 9 mai 1867, Blanche-Marie-Victorine Briquet, fille de Louis-Édouard Briquet (1) et de Marie-Pauline de Chavigny (2), dont il eut :

1° René-Marie-Édouard-de Mandre, né le 20 juin 1868, officier et chevalier de plusieurs ordres, membre de diverses sociétés savantes et philanthropiques ;

2° Émile-Marie-Albert de Mandre, né le 21 septembre 1869, chevalier de Sainte-Catherine, artiste-peintre ;

3° Louise-Eugénie-Maria, née le 4 décembre 1871, mariée à Henri Hourtolou, chevalier de Sainte-Catherine.

§ 2. — *Branche des de Mandre de Montureux.*

Cette branche qui portait d'abord : *D'or à la bande d'azur accompagnée de sept billettes du même, quatre en chef (3 et 1) et trois en pointe* (3), intervertit plus tard les émaux de ses armoiries. Les preuves de noblesse pour l'ordre de Malte (4), fournies par ses mem-

(1) Briquet porte : *D'argent à un chevron d'azur accompagné de trois briques de gueules, deux en chef et une en pointe ; aliàs : D'argent à un chevron de gueules accompagné en chef de deux roses confrontées de même, tigées et feuillées de sinople, et en pointe d'une tête et col de cerf contournée et arrachée au naturel ayant à sa gueule une branche d'arbre de sinople.*

(2) Chavigny porte : *D'argent à une croix alaisée de gueules endentée de sable et surmontée d'un lambel aussi de sable de trois pendants.*

(3) Bibl. nat. ms., Pièces originales, Vol. 1826, V° *Mandres*, pièces 2 et 4. — Et aussi Mathieu Husson-l'Escossois.

(4) Bibl. nat. ms., Preuves de noblesse pour Malte, diocèse de Langres ; manuscrits français, n° 20338.

bres de 1569 à 1597, portent en effet : *D'azur à la bande d'or accompagnée de sept billettes du même,* ou : *D'azur à une bande d'or accompagnée de quatre billettes aussi d'or, deux en chef et deux en pointe* (1), pour les cadets.

La généalogie que nous donnons ici est dressée d'après celle qui existe à la bibliothèque nationale (2). Nous la complétons et la rectifions en certains points d'après : 1° les preuves pour Malte, 2° les épitaphes des tombes que l'on voit encore dans l'église de Montureux (3), et 3° les registres paroissiaux et les archives locales.

Le premier de cette branche, que nous avons cité au troisième degré de notre généalogie, est :

III. **Gérard de Mandres,** chevalier, cité en 1214 dans les titres de l'abbaye de Teulle (4), transigea avec les abbés et religieux de l'abbaye de Cherlieu au sujet d'un différend touchant leurs prétentions respectives à Rosières (5), par lettres de 1214 (6). Il fut père de :

IV. **Guillaume de Mandres,** Ier du nom, chevalier, seigneur de Mandres et autres lieux, épousa N. de Bauffremont, dont il eut :

V. **Jean de Mandres,** Ier du nom, chevalier, seigneur de Mandres, Marnoz, Aigue-Pierre, Saint-Julien,

(1) Bibl. nat. ms., Pièces originales, vol. 1826, V° *Mandres,* pièce 3.

(2) Bibl. nat. ms., Cabinet d'Hozier, vol. 28, V° *Baron (le),* f° 640.

(3) Canton d'Autrey, arrondissement de Gray (Haute-Saône).

(4) Theuley, canton de Dampierre, arrondissement de Gray.

(5) Rosières-sur-Mance, canton de Vitrey, arrondissement de Vesoul.

(6) Bibl. nat. ms. Dom VILLEVIEILLE, Trésor généalogique.

Rosières-sur-Amance et la Mothe-Saint-Mammès, fit, avec Guyot d'Aurain, la guerre à Jean de Chauvirey. Il épousa Comtesse de Montureux, dame du dit lieu, enterrée aux Cordeliers de Gray, le 1er mars 1313, lui laissant :

VI. **Huart de Mandres,** chevalier, seigneur de Montureux, obtint pardon et rémission de Philippe VI, roi de France, par charte donnée à Méréville, près Saint-Denis, le 21 février 1349 (1), de ce qu'il avait été garant de feu le duc de Bourgogne, frère du roi ; cette grâce fut octroyée à la supplication de Jean de Chastenay, chevalier. Il était, en 1364, l'un des seigneurs qui jugèrent le différend qui existait entre Regnault d'Aigremont, chevalier, Jean de la Rochelle, chevalier, et Thomas, son frère, écuyer, d'une part, et noble damoiseau Jean de Vergy, sire de Fontvent, sénéchal de Bourgogne, qu'ils tenaient prisonnier, d'autre part. Il faisait partie, avec neuf écuyers sous lui, de la compagnie d'hommes d'armes dont Jacques de Vienne, chevalier banneret, seigneur de Longvy, fit montre à Châteauneuf-en-Auxois, le 21 mars 1364 (2). Il épousa 1° Anne d'Arguel (3), et 2° N. de Citey (4). Il eut :

Du premier lit :

1° GUILLAUME, IIe du nom, qui suivra.

(1) Archives nationales, chartes royales, reg. JJ. 78, fo 32.
(2) Dom VILLEVIEILLE.
(3) VARIN, *Généalogies de Bourgogne.*
(4) DU MAGNY, *Collège héraldique.* Cet auteur donne, par N. de Citey, une filiation dont nous ne reproduisons qu'une partie, le reste étant en contradiction avec la généalogie de d'Hozier et les preuves pour Malte.

Du second lit :

2° JEAN, II° du nom, chevalier, qui servait en la compagnie que Jean de Vergy, chevalier, amena à Dijon pour garder le gage de la bataille qui s'y devait faire le 19 septembre 1391, en présence du duc de Bourgogne, entre Othe de Grançon, chevalier, et Raoul de Gruyères, aussi chevalier. Il était du nombre des chevaliers qui allèrent en 1394 à Perrigny, près Lons-le-Saunier, par ordre du duc de Bourgogne, pour de là aller le venger des injures du sire de Beaujeu. Il fut contraint par le parlement de Dôle, le 12 novembre 1403, de payer aux Cordeliers de Dôle une amende de vingt livres (1). Il eut de son mariage avec N. de Malarmey de Roussillon :

> CLAUDE, I°° du nom, marié à Jeanne de Rye en 1476, qui accompagna Charles le Téméraire dans son expédition contre les Suisses. Nous ne le croyons père que de :
>
> RICHARD, reçu chevalier de Saint-Georges en 1544 (2), auquel on peut attribuer pour fils :
>
> JEAN, *bâtard de Mandre,* marié à Suzanne de Saint-Martin, cités en 1588 dans un dénombrement à Montureux (3).

(1) Dom VILLEVIEILLE.

(2) BONVALLET, *Armorial de Franche-Comté,* V° *Saint-Georges;* SUCHAUX, *Galerie Héraldo-nobiliaire,* V° *Mandre;* DE COURCELLES, *Dictionnaire universel de la noblesse,* V° *Saint-Georges.*

(3) Bibl. nat. ms., *Résumés d'archives locales,* vol. *Haute-Saône.*

VII. **Guillaume de Mandres**, II° du nom, chevalier, seigneur de Montureux, Vereux, Prantigny et la Maison-du-Bois (1) ; écuyer d'écurie du duc de Bourgogne, capitaine des villes et châteaux de Tonnerre, Ligny-le-Châtel, Griselles (2) et Châtillon-sur-Seine, cité en 1412, 1413 et 1414. Il épousa, en 1413, Jeanne d'Arguel, fille de Poincard d'Arguel, seigneur de Chenecé et de Marguerite d'Avillé qui testa en 1419 ; il eut de ce mariage :

1° ANTOINE, Ier du nom, qui suit ;

2° MARGUÉRITE, Ire du nom, mariée à Bernard de Cléron, chevalier.

VIII. **Antoine de Mandre**, Ier du nom, chevalier, seigneur de Montureux et autres lieux, né en 1419, cité, avec son père, dans un titre du 18 mars 1427 (3), fut présent au traité fait, entre le duc de Bourgogne et les habitants de Besançon, le 6 septembre 1452 (4). Il épousa Guillemette de Citey dont il eut :

1° ANNE, Ire du nom, mariée à Pierre de Citey, chevalier, en 1529 ;

2° NICOLAS, qui suit ;

(1) Localité de l'arrondissement de Gray (Haute-Saône); Montureux et Prantigny, canton d'Autrey ; Vereux et la Maison-du-Bois, canton de Dampierre-sur-Salon.
(2) Dom PLANCHER, *Histoire de Bourgogne*, t. III, pages 347 et 377. — Tonnerre (Yonne); Griselles, canton de Laigues, arrondissement de Châtillon-sur-Seine (Côte-d'Or); Ligny-le-Châtel, arrondissement d'Auxerre (Yonne).
(3) Archives départementales de Besançon.
(4) Dom PLANCHER, *Histoire de Bourgogne*, t. III, p. 282.

3° Guillaume, IIIe du nom, marié à Chrétienne de Coynguyen qui vivait encore avec lui en 1532.

IX. **Nicolas de Mandre,** Ier du nom, chevalier, seigneur de Montureux, Vereux et Montarlot (1), épousa 1° Gérarde de Harlay (2) (ou d'Arley), morte le 28 mars 1529, et 2° Jeanne de Champagney. Il mourut le 28 août 1540 (3), laissant du premier mariage :

1° Guillaume de Mandre, IVe du nom, qui continue la ligne des seigneurs de Montureux et Prantigny ;

2° Jean de Mandre, IIIe du nom, qui formera une seconde branche, celle des seigneurs de Vereux et Savoyeux que nous rapporterons plus loin.

X. **Guillaume de Mandre,** IVe du nom, chevalier, seigneur de Montureux et Prantigny, chevalier du Saint-Sépulcre de Jérusalem, épousa, par contrat du 1er août 1549 (4) où il est qualifié haut et puissant seigneur,

(1) Canton de Champlitte, arrondissement de Gray (Haute-Saône).

(2) Les Preuves pour Malte portent « de Harlay » et qualifient Nicolas chevalier.

(3) Son épitaphe, qui existe dans l'église de Montureux-lès-Gray, porte : *Cy dessoubs gisent monsieur Nicolas de Mandre a son vivant escuyer seigneur de Mostureulx Vereulx Montarlot et mademoysselle Gérarde d'Arley sa femme lesqiulx trespassayrent a savoir laل damoysselle le XXVIII jour du mois de mars l'an mil cinq cens XXIX et le dit seigneur le XXVIII jour du mois d'aost l'an mil cinq cens quarante.* Cette pierre, dont il ne reste plus qu'une partie, représentait un seigneur et une dame ; on voit encore le bas de ces figures gravées avec les armoiries de : Citey, Montormentier, Chaulcin, Vuillauffans, Amoncourt, Rougemont, Ternant et Dompmartin.

(4) Bibl. nat. ms., Carrés de d'Hozier, vol. 408, f° 129.

Anne de Senailly, fille de haut et puissant seigneur
messire Pierre de Senailly, chevalier, baron et seigneur de Rimaucour et de Gurgi, et de dame Orce-
line de Theullière. Il fut reçu chevalier de Saint-
Georges en 1546, et mourut le 30 avril 1560 (1),
laissant :

XI. **Humbert de Mandre,** I⁰ʳ du nom, seigneur de
Montureux, reçu chevalier de Saint-Georges en 1569,
capitaine gouverneur de Besançon, qui épousa 1° Marie
de Martin et 2° Élisabeth d'Orsans, fille de Jean d'Orsans et de Marie d'Astat (2). Il fit le dénombrement de

---

(1) Son épitaphe dit : *Cy gist hault et puissant Sᵉ messire Guillaume de Mandre, créé chevalier par Charle le quint Empereur des
romains et depuis aussi le mesme au voyage qu'il fit au saint sépul-
chre de Jérusalem. Il suyvait lad maiesté en son couronnement faict
l'an 1511 par le pape Clément à Bologne en Italie et à la repousse
et grande perte du grand turc en Ongrie. Il a suyvi lad maiesté et
Philippe roy d'Espaigne son filz en toutes guerres à ses propres frais.
Après avoir fortifié le vieil chastel de monstureux il fit ellever cette
chapelle en laquelle il fut inhumé estant trespassé le mardy dernier
jour d'avril 1560. Icy gist aussi madame Anne de Senailly sa femme
qui décéda le mercredy 23 en novembre feste Sainct Clément 1569.
Dieu ayt leurs âmes. Amen.* — Il existe également encore une
seconde pierre tombale, qui recouvrait les restes de Guillaume
de Mandre, et qui représente ses armoiries, l'écu supporté par
deux sauvages, timbré d'un casque à cinq grilles orné de lambrequins et surmonté de deux trompes comme cimier. Au dessus et
au dessous, figurent les armoiries de : Mandre, Arley, Senailly,
Tullière, Citey, Chaussin, Choiseul et Haraucour.

Nous remercions, en passant, M. l'abbé A. Mourlot, curé de
Montureux-les-Gray, et M. Aug. Bourgogne, instituteur et secré-
taire de la mairie, de l'obligeance avec laquelle ils nous ont com-
muniqué les documents qu'ils possédaient.

(2) Bibl. nat. ms., Preuves de noblesse pour Malte, Diocèse de
Langres.

Montureux en 1583 (1), et mourut le 15 février 1585 (2), laissant du second mariage :

1° Guillaume, VI° du nom, seigneur de Montureux, reçu chevalier de Malte en 1597, et parrain à Montureux en 1606 ;

2° Antoine, II° du nom, qui suit ;

3° Pierre-François, seigneur de Montureux, chevalier de Malte, tué par les Turcs au rivage de Zimbres, le 7 avril 1606 (3).

XII. **Antoine de Mandre,** II° du nom, seigneur de Montureux et Prantigny, reçu chevalier de Saint-Georges en 1613, épousa Jeanne-Baptiste de Cicon, et mourut le 18 octobre 1618 (4), laissant (5) :

1° Ermenfroy-François, qui continue la ligne ;

2° Françoise-Claire, baptisée le 20 octobre 1605, citée en 1636 ;

3° Marguerite, II° du nom, baptisée le 18 décembre 1606, citée en 1618 et 1626 ;

(1) Bibl. nat. ms., *Résumés d'archives locales,* vol. *Haute-Saône,* V° *Montureux.*

(2) Épitaphe : *Cy gi au et puisent Seigneur Humber de Mandre .....au dict Rouset le 15 de febvries 1585.*

(3) Bibl. nat. ms., Pièces originales, vol. 1826, V° *Mandre,* pièce 3. Cette pièce, qui est une feuille détachée d'un volume intitulé *Martyrologe des Chevaliers de Malte,* représente ses armes gravées avec quatre billettes seulement, surmontées du chef de la religion ; l'écu, timbré de la couronne de comte, est posé sur la croix à huit pointes et entouré d'un chapelet auquel pend la croix de Malte, comme le portaient les Commandeurs de Malte.

(4) Acte d'inhumation aux archives de Montureux-les-Gray.

(5) Actes de baptême de Montureux-les-Gray ; registres paroissiaux.

4° Léonat, baptisé le 14 juin 1612, gouverneur de Besançon en 1658;

5° Jeanne-Hélène, baptisée le 4 août 1614.

XIII. Ermenfroy-François de Mandre, seigneur de Montureux, Trestondans et Prantigny, reçu chevalier de Saint-Georges en 1627, capitaine-gouverneur de Besançon, dit « le Jeune » pour le distinguer de son cousin Humbert, IIe du nom, qu'on appelait « le Capitaine de Mandre l'aîné », parce qu'ils exercèrent successivement la même charge de Commissaire général de la cavalerie pendant la guerre de Franche-Comté, où ils se signalèrent par leur courage à défendre cette province contre les troupes françaises et suédoises réunies. Il épousa, le 25 novembre 1621, Hélène de Trestondans, fille de Gabriel, seigneur de Suaucourt et de Françoise de la Baulme-Saint-Amour. Il affranchit Montureux en 1628, et est cité comme parrain dans des actes de 1606 et 1622 (1).

Il eut de son mariage :

1° Gabriel, cité comme parrain dans des actes du 25 avril 1627 et du 5 mai 1634, à Montureux, mort sans descendance;

2° Marguerite-Guy, baptisée le 12 juin 1626 (2);

3° Hélène, IIe du nom, baptisée le 14 septembre

(1) Archives paroissiales de Montureux-les-Gray.

(2) Archives paroissiales de Montureux-les-Gray : — « *Margarita Guido filia gen. Domini Ermenfredi de Mandre..... patrinus illustrissimus. Guido de Mandre Chev. de Hierusalem, matrina vero Domina Margarita de Mandre.* »

1628 (1), mariée en 1644 à N. de Pina, resta seule héritière des de Mandre de la branche de Montureux, et laissa tous ses biens à sa cousine, Oudette-Bénigne de Mandre, que nous verrons tout à l'heure mariée au comte de Malarmey de Roussillon.

Branche des seigneurs de Vereux et Savoyeux.

X. **Jean de Mandre**, IIIe du nom, chevalier, seigneur de Montureux, Vereux, et la Tour-du-Bois (2), reçu chevalier de Saint-Georges en 1569, épousa, 1° par contrat du 11 février 1540 (3), en présence de Guillaume de Mandre son frère, Marie de Trestondans, fille de Pierre de Trestondans, écuyer, seigneur de Précy-le-Petit et de Grandchamp, et de Françoise de Moroges, et 2° Jeanne de Senailly. Il mourut en 1590 (4), laissant :

1° GUILLAUME, V^e du nom, moine en 1565, élu abbé de Theuley, le 7 août 1591 (5), reçu cheva-

(1) Archives de Montureux. — Elle y est aussi citée comme marraine dans un acte de 1671.

(2) Bibl. nat. Manuscrits français, n° 20338. Preuves de noblesse pour Malte, Diocèse de Langres, f°s 163 et 164. Ces preuves fournies par trois de ses fils : Georges, Guy et Nicolas l'Africain, établissent que les cinq premiers de ses enfants sont du premier lit. — La Tour-du-Bois est le même lieu que la Maison-du-Bois.

(3) Bibl. nat. ms. Carrés de d'Hozier, vol. 408, f° 128.

(4) Épitaphe à Montureux-les-Gray : *Cy gisent messire Jean de..... femme qui trépassarent à scavoir le dict messire Jean de Mandre l'an 1590 et la dicte Marie l'an..... Dieu aye leurs âmes. — Amen.*

(5) *Gallia Christiana*, vol. IV.

lier de Saint-Georges en 1577, et mort en 1602 ;

2° CLAUDE, II° du nom, qui continue la ligne ;

3° GEORGES, seigneur de Montureux, reçu chevalier de Malte en 1569, commandeur de Pont-Aubert, présent au contrat de mariage d'Errard du Châtelet et de Lucrèce d'Orsans en 1584 (1) ;

4° NICOLAS, II° du nom, dit l'Africain, reçu chevalier de Malte en 1570 ;

5° GUY, qualifié de « très illustre » dans un acte de baptême de 1626 (2), reçu chevalier de Malte en 1573, commandeur de Sugny, chevalier de Saint-Georges en 1612, mort le 22 novembre 1627 (3) ;

6° ÉLISABETH, mariée 1° à Joffroy de Dunoy, chevalier, et 2° à Adrien de Salives, seigneur de Montjustin ; citée en 1604 ;

7° ÈVE, mariée à Humbert de Précipiano, baron de Saye (4) ; elle était chanoinesse à Remiremont en 1579, lors de la visite du duc Charles III (5) ;

8° FRANÇOIS, moine à Theuley, où il était coadjuteur de son frère Guillaume, V° du nom, abbé, mort le 5 mai 1600 (6).

---

(1) D. CALMET, *Maison du Châtelet*, p. 202.

(2) Archives de Montureux-les-Gray.

(3) Épitaphe : *Cy reposent les os de fut Guy de Mandre chevalier de l'ordre de Her... commandeur de Sugny qui trep... le XX novembre MDCXXVII. vivat...*

(4) Dunod de Charnage dit, page 286 : Guillauma de Mandre, mariée à Ambroise de Précipiano, baron de Saye.

(5) D. CALMET, *Maison du Châtelet*, p. 197.

(6) *Gallia christiana*, vol. IV.

XI. **Claude de Mandre**, IIe du nom, seigneur de Vereux, cité en 1585, reçu chevalier de Saint-Georges en 1590, épousa Marguerite de Brunecoffe, qui mourut, le 21 juillet 1617 (1), lui laissant :

1° Humbert, IIe du nom, qui suit ;

2° Hélène, Ire du nom, mariée, le 3 décembre 1609, à Gabriel de Trestondans, en présence de Guy de Mandre, son oncle.

XII. **Humbert de Mandre**, IIe du nom, seigneur de Vereux, capitaine-gouverneur de Besançon, commissaire général de la cavalerie, dit « l'Ainé », épousa Marguerite de Martin, fille de noble André Martin, à Gray, par contrat du 25 mai 1591, fut reçu chevalier de Saint-Georges en 1595. Il mourut en 1636, de la suite des blessures qu'il reçut dans la guerre de Franche-Comté, laissant :

1° Marguerite, IIIe du nom, baptisée le 7 juillet 1599 (2) ;

2° Antoine, IIIe du nom, seigneur de Vereux, né le 18 juillet 1600, marié en 1623 à Claude-Françoise de Laubespin, dame de Laigle, tué par Montaigu en 1626 (3), laissant :

---

(1) Archives paroissiales et épitaphe à Montureux-les-Gray : *Cy encor reposent les cendres de Claude de Mandre et de damoise... de Brunecoffe sa femme qui trépassarent à scavoir ledict Claude de Mandre l'an 15... et ladicte damoiselle le 21 juillet l'an 1617. Dieu aye leurs âmes. Am...*

(2) Archives paroissiales de Gray.

(3) Épitaphe à Montureux-les-Gray : *Encor icy gist An... de Mandre petit filz dudict... de Mandre qui fut... tué... par Montaigu et mourut le XX... 1626. Dieu aye son a... Amen.*

A) CLAUDE-HUMBERT, seigneur de Vereux, baron de Laigle (1), né le 17 novembre 1623 (2), qui épousa Claire-Antoinette de Larget, dont il n'eut pas d'enfants, et légua ses biens à Oudette-Bénigne de Mandre, sa cousine, par testament de 1677 ;

B) CLAUDE, III° du nom, seigneur de Vereux, naquit sans doute vers 1624, puisqu'il est parrain dans un acte du 6 janvier 1631 (3), où il est qualifié : *Dominus Claudius, filius domini Antonii de Mandre de Vereux ;* il devait être alors âgé d'environ 7 ans ; puis il est mentionné comme disparu dans le testament de son frère et dans le procès qui eut lieu, lorsque tous les biens des de Mandre, dont sa cousine Oudette-Bénigne avait hérité, tombèrent entre les mains de Maurice de Malarmey, comte de Roussillon, mari de celle-ci.

3° CLAUDE-LÉONEL, qui suit ;

4° ANNE, II° du nom, née le 21 octobre 1603 (4) ;

5° MADELEINE, née le 20 octobre 1604, et citée en 1632 ;

(1) Bibl. nat. ms., Cabinet d'Hozier, vol. 28, V° *Baron* (le).
(2) Archives paroissiales de Gray.
(3) Archives de Montureux-les-Gray.
(4) Archives paroissiales de Gray.

6° Béatrix-Guy, née le 22 mars 1606, et citée de 1614 à 1636 ;

7° Claudine, Ire du nom, née le 9 décembre 1607.

XIII. **Claude-Léonel de Mandre**, ou Éléonor, seigneur de Vereux, Savoyeux, Autet (1), etc., né à Gray le 19 août 1602, capitaine-gouverneur de Besançon, épousa Adrienne de Thomassin, dont il eut seulement trois filles (2) :

1° Oudette-Bénigne, qui suit ;

2° Anne, IIIe du nom, morte jeune ;

3° Claudine, IIe du nom, qui fut d'abord religieuse à Châlon, puis mariée en 1681 à Bernard de Montessus de Servignac (3).

XIV. **Oudette-Bénigne de Mandre**, dite « la belle Odette », épousa, en 1665, Maurice de Malarmey, comte de Roussillon. Elle hérita, comme dernière représentante de la famille, de tous les biens des de Mandre. Nous avons vu, en effet, Hélène de Mandre, IIe du nom, seule héritière de la branche de Montureux, tester en sa faveur, de même que Claude-Humbert de Mandre, baron de Laigle, dernier de la branche de Vereux. Tous ces biens, notamment les seigneuries de Vereux, Savoyeux, Trestondans, Prantigny, la Tour du Bois, la baronnie de Laigle (le château de Montureux avait été rasé et la seigneurie confisquée par Louis XIV, au pro-

(1) Savoyeux et Autet, canton de Dampierre-sur-Salon, arrondissement de Gray (Haute-Saône).

(2) Bibl. nat. ms., cabinet d'Hozier, vol. 28, V° *Baron* (*le*).

(3) Arch. Haute-Saône, B. 2758 et 1362.

fit des Jobelot) passèrent à la maison de Malarmey de Roussillon, faute d'héritier dans la famille de Mandre (1).

(1) Cette branche est donc bien éteinte, quoi qu'en aient dit les abbés Coudriet et Chatelet, dans l'*Histoire de Jonvelle*, où ils ont voulu la continuer en établissant l'identité de Claude de Mandre, IIIᵉ du nom, disparu, avec un Claude Demandre, marié à Catherine Vocard, en 1659, à Amance (arrondissement de Vesoul), et mort à Baulay (canton d'Amance), le 4 septembre 1690, âgé de 62 ans, c'est-à-dire né en 1628. Or, si on les identifie, il faut admettre 1° que Claude de Mandre est né deux ans après la mort de son père, 2° qu'il a été parrain et qualifié *Dominus Claudius*, à l'âge de trois ans, et 3° qu'il a renoncé à la noblesse et à l'héritage considérable de sa famille, ce qui nous paraît invraisemblable. D'autre part, MM. Suchaux et de Lurion, qui ont également parlé de ces Demandre, d'Amance, en citant l'*Histoire de Jonvelle*, déclarent que la famille de Mandre de Montureux est éteinte, et que la famille qui remonte à Claude Demandre ou de Mandre, d'Amance, est différente et porte pour armes : *D'or à la fasce d'azur*. Cela la rattacherait aux de Mandre du Bassigny, mais il faudrait encore l'établir.

TABLE

INTRODUCTION

CHAPITRE Iᵉʳ

CHAPITRE II

CHAPITRE III

La Chapelle-Montligeon. — Imp. de Notre-Dame de Montligeon.